**MGEC** FUNDACIÓN
MUSEO DEL GRABADO
ESPAÑOL CONTEMPORÁNEO

 EXCMO. AYUNTAMIENTO DE
MARBELLA
DELEGACIÓN DE CULTURA, ENSEÑANZA Y PATRIMONIO HISTÓRICO

 **TG** / TallerdeGrabado

 amigos **MGEC**

CRÉDITOS

Idea: ©María José Montañés.
Pinturas: ©Toto Zumpano.
Maquetación: ©Miriam Bidondo
Edita: Museo del Grabado Español
Contemporáneo

 FUERTE GROUP HOTELS

 AMÀRE

 FUNDACIÓNFUERTE
www.fundacionfuerte.org

 HOTEL BAVIERA

GRABATEANDO 1

grabado calcográfico

buril y aguafuerte

30 **MUSEO DEL GRABADO**
Español Contemporáneo
Ayuntamiento de Marbella

¡HOLA CHICOS!

Soy TARLATANA CHARLATANA

y vivo en EL TALLER DE GRABADO

con todos mis superamigos.

Cada uno de mis amigos, al igual que los niños, tienen sus propios talentos; que son como superpoderes.

Cuando nos unimos todos, nuestros superpoderes multiplican su eficacia y las MISIONES se nos dan de maravilla.

Este año tenemos **DOS MISIONES SECRETAS**: ¡¡vamos a realizar varios grabados tradicionales!!

• **LA PRIMERA** es grabar una plancha con BURILITO para hacer un grabado = TÉCNICA DEL BURIL.

• **LA SEGUNDA** es grabar otra plancha mordiéndola un poquito para hacer otro grabado = TÉCNICA DEL AGUAFUERTE.

Pero antes os voy a presentar a mis superamigos:

Están mis amigas PLANCHA DELGADUCHA Y PLANCHA FLACUCHA, que son de metal y son megabrillantes cuando están bien puliditas.

Su talento es que, a pesar de ser muy finuchas, son muy duras y resistentes.

Sobre ellas haremos nuestro trabajo. ¡¡¡Son la base de nuestra MISIÓN!!!

También está **BURILITO**, que tiene el superpoder de hacer dibujos cortando las planchas de metal.

¡¡¡Es requeteforzudo!!!.

(MISIÓN SECRETA 1)

Contamos con **PUNTA SECA**, que es muy juguetona y, al igual que su hermano **BURILITO**, corta y hace surcos sobre cualquier plancha.

(SEGUNDA MISIÓN):

BETÚN-TÚN es un líquido pestoso y pegajoso, pero, ¡ojo!, las apariencias engañan porque su superpoder es crear un escudo protector sobre las planchas.

Este don, combinado con el de BROCHA PELUCONA, es fundamental para nuestra MISIÓN.

BROCHA PELUCONA tiñe sus cabellos con BETÚN-TÚN y lo reparte sobre PLANCHA FLACUCHA. Después lo deja secar muy requetebién.

Así, la protegerá del SR. ÁCIDO, que se la quiere comer.

PUNTA SECA araña su dibujos sobre BETÚN-TÚN con unas líneas muy finas que dejan ver el metal de PLANCHA FLACUCHA sin proteger.

Nuestra **MISIÓN** es que el SR. ÁCIDO solo muerda esas zonas sin protección para que no se dé el atracón.
Esta zona del taller es un poco peligrosa.

¡¡¡Habrá que poner atención!!!

PLANCHA FLACUCHA se sumerge en la piscina del SR. ÁCIDO, que es muy voraz y muerde todo metal que se le pone por delante.

El baño no puede ser muy largo porque el ácido glotón, con sus boquitas, se comería todo el metal, por eso los baños hay que controlarlos con el reloj.

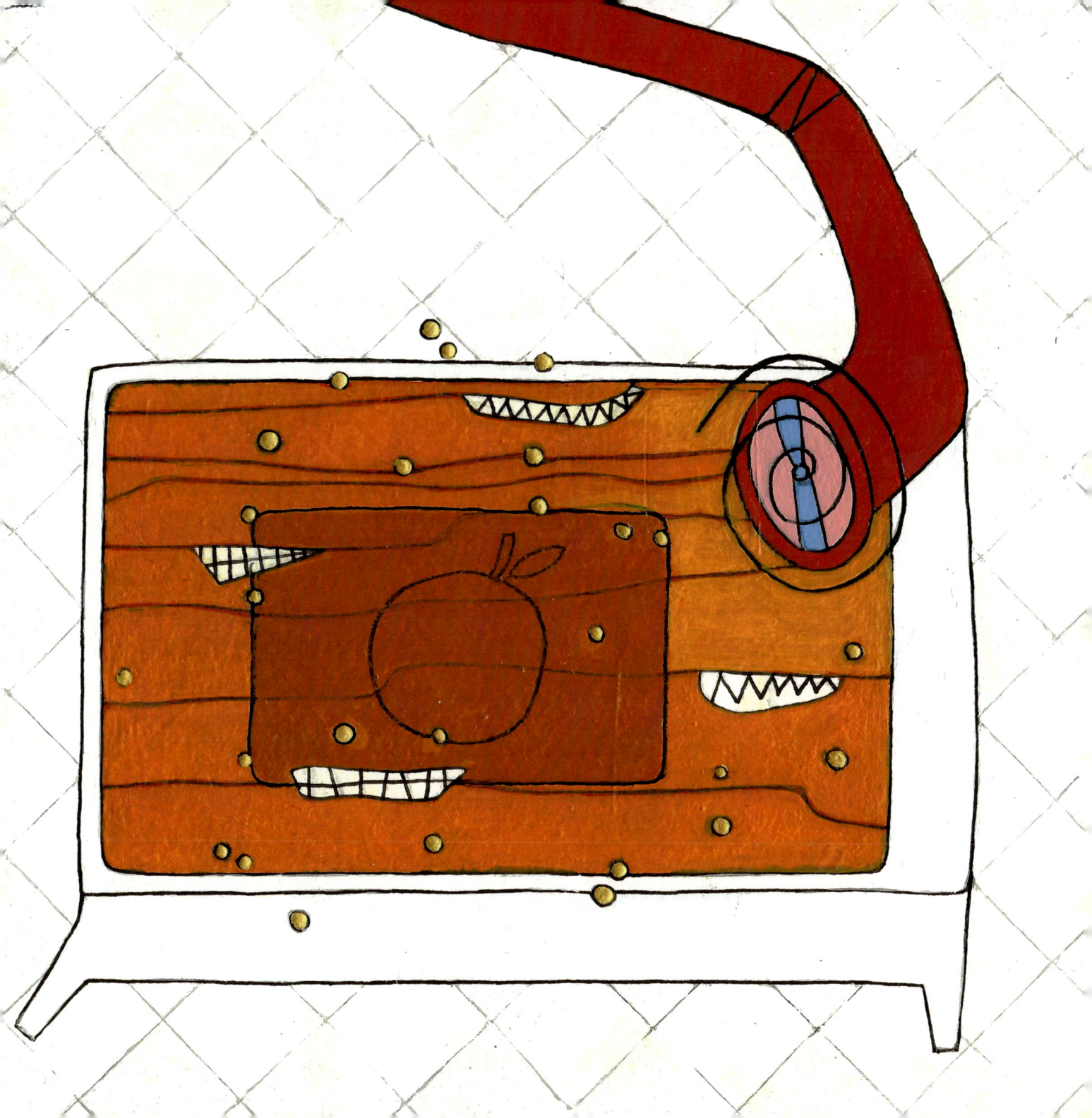

Después de morder y morder, quitamos
el escudo protector a PLANCHA FLACUCHA
con el SR. DISOLVENTE y tachán-tachán...

¡Aparece el dibujo que PUNTA SECA hizo sobre su barriga!

Ya tenemos la primera parte de nuestras **MISIONES** resuelta:

MISIÓN 1: grabar una plancha con BURILITO.

MISIÓN 2: grabar otra plancha mordiéndola un poquito.

PLANCHA DELGADUCHA y PLANCHA FLACUCHA ya están grabadas.

La segunda parte de nuestras **MISIONES SECRETAS** es: Estampar nuestras planchas para hacer unos grabados a todo color. Se entintan los dibujos grabados con TINTA-TAN y MUÑEQUILLA.

Las tintas son la luz
que ilumina
con sus distintas
tonalidades.

A las TINTA-TAN
les gusta mezclarse
entre ellas para pintar
multicolor nuestros
grabados.

Cuando se entinta **PLANCHA FLACUCHA** es como
una pista de baile y es **MUÑEQUILLA** quien reparte
los colores metiéndolos en los surcos.

Y yo, TARLATANA CHARLATANA, la mamá
de MUÑEQUILLA, voy detrás,
limpiando el exceso de tinta que se queda
en la superficie de
PLANCHA FLACUCHA.

Ya está lista para que la abrace
DON TÓRCULO.

Mientras nosotras nos divertimos con **TINTA-TAN**,

PLANCHA FLACUCHA y **PLANCHA DELGADUCHA**,

mis amigos los **PAPELITOS**, a los que les encanta

estar en remojo, se dan un gran chapuzón en el "SPA" del taller.

Después, se meten bajo las mantitas para quitarse la humedad.

Y ya están listos para que se estampe un grabado.

PLANCHA FLACUCHA, entintada con TINTA-TAN, se coloca en la barriga de DON TÓRCULO. Después se cubre con PAPELITO y unas mantas.

DON TÓRCULO, animado por el timón, les da un gran apretón para que el dibujo de PLANCHA FLACUCHA se traspase a PAPELITO produciendo una estampa.

Después del estrujón, los PAPELITOS se van al secadero, que es como una tirolina donde hacen ejercicio y donde se puede ver el taller desde el cielo.

Podemos repetir este proceso tantas veces como queramos para crear una serie de estampas o grabados iguales.

Por eso, los grabados, después, hay que numerarlos...

Y colorín, colorado, nuestras MISIONES han terminado....

RECUERDA, PARA INICIAR TU PROPIA MISIÓN SECRETA NECESITARÁS:

GRABAR LAS PLANCHAS CON BURIL O CON ÁCIDO.

ENTINTAR CON TINTAS Y MUÑEQUILLA.

ESTAMPAR SOBRE PAPEL CON LA PRESIÓN DEL TÓRCULO.

SECAR Y PRENSAR EN EL TENDEDERO Y DESPUÉS BAJO UN MONTÓN DE PESO PARA QUE SE QUEDEN BIEN PLANAS.

NUMERAR Y FIRMAR CON LÁPIZ.

Las estampas o grabados son obras de arte para colgar en las paredes. Son como las pinturas, pero están hechas sobre una plancha de metal a la que le pones tinta encima y por medio de presión, ese dibujo se traspasa a un papel.
Se puede hacer muchas veces y obtendremos muchas estampas iguales.

1/10

MAJO & TOTO

© MAJO&TOTO (de la obra)
© Museo del Grabado Español Contemporáneo y Apuleyo Ediciones (de esta edición)
Primera edición en Apuleyo Ediciones: Noviembre 2024
Diseño de cubierta: Miriam Bidondo y Toto Zumpano
Corrección: MAJO&TOTO
Maquetación: Miriam Bidondo
Ilustraciones: Toto Zumpano
Coordinación editorial: Isidoro Cidre González
info@apuleyoediciones.com
www.apuleyoediciones.com
ISBN: 978-84-1060-399-8
Depósito legal: H 485-2024

Hecho e impreso en España.